¡NEGOCIA CON LA MINA!

Entendiendo el Único Trabajo que Jesús te Dio para Hacer

Publicado por OnTheRedBox
Puerta del Sol 4, 5a Planta
28013 Madrid, España
http://www.ontheredbox.com
Facebook.com/ontheredbox

Traductora
Raquel Cañas Fernández

Correctora de textos
Raquel Cañas Fernández
Glenda Gordillo Palacios
Mati Sanchiz Rodríguez

Ilustraciones
Arash Jahani

Maquetación
Olivier Darbonville

¡NEGOCIA CON LA MINA!

Entendiendo el Único Trabajo que Jesús te Dio para Hacer

por

JACOB BOCK

CONTENIDOS

¡NEGOCIA CON LA MINA!

Entendiendo el Único Trabajo
que Jesús te Dio para Hacer

¿Por qué deberías leer este libro?

De las oraciones que aparecen a continuación, marca las que se apliquen a ti.

☐ No estoy seguro de cuál es exactamente la voluntad de Dios para mi vida.

☐ He aceptado a Cristo y sé que Jesús me ha perdonado, pero todavía me falta algo. A veces digo: «¿Es esta toda la vida cristiana?».

☐ A veces me aburro como cristiano.

☐ No comparto el Evangelio casi nunca o nunca. No creo que sea mi ministerio.

☐ Quiero que el Día del Juicio Dios me diga: «Bien hecho, buen siervo y fiel».

☐ La Parábola de las Diez Minas... ¿no es la misma que la Parábola de los Talentos? ¿Y qué es una mina?

Me alegro de que estés leyendo este libro. Si has marcado uno o varios de estos pensamientos, trataré con estas cuestiones y haré todo lo que pueda para ayudarte a resolver alguno de estos asuntos.

¿Por qué es tan importante entender la Parábola de las Diez Minas?

Muchos cristianos no entienden su misión como creyentes. Tal vez llegaron al cristianismo con la idea de tener a Jesús simplemente como una entrada para el Cielo y evitar así el Infierno. A lo mejor nunca han leído o se les ha dicho que tienen una misión. Tal vez entienden la misión, pero no la llevan a cabo de forma activa. Como resultado, viven insatisfechos y sin mucho propósito, y no sienten que Dios apruebe sus vidas. En su mente, se aferran a la esperanza de que algún día llegarán al Cielo, y tal vez Dios les diga «Bien hecho», o quizá «No está mal».

¡Tú no tienes por qué vivir así! Entender esta parábola consolidará tu llamado como cristiano.

¿Qué aprenderás en este libro?

■ Cuál es la voluntad y la misión de Dios para tu vida.

■ Cómo te puedes asegurar la aprobación de Dios.

■ Qué representa la Mina.

■ Cuál es el «único trabajo» que Jesús te mandó.

■ Qué significa «negociar» con la Mina.

■ Qué ocurre con aquellos que no permiten que Jesús gobierne sus vidas.

■ Si eres un siervo fiel, un mal siervo o un ciudadano.

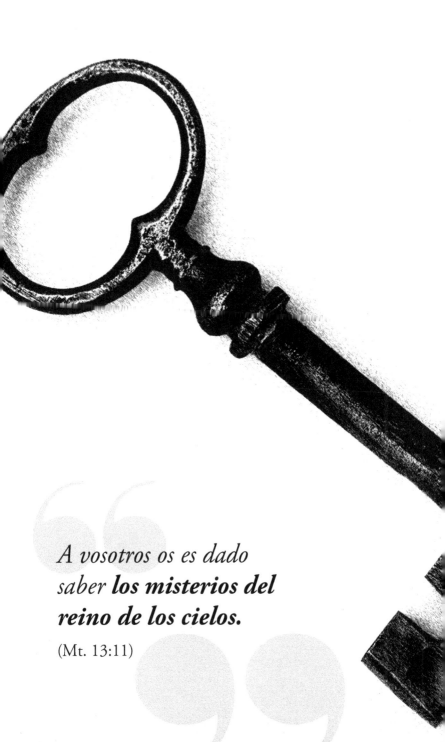

*A vosotros os es dado saber **los misterios del reino de los cielos.***

(Mt. 13:11)

CAPÍTULO 1

LOS MISTERIOS DEL REINO

Cuando Jesús anduvo por la tierra, su propósito era enseñar los principios del Reino de Dios a la gente. Una de las maneras en las que lo hacía era contando parábolas. Estas historias sobre cosas familiares ayudaban a sus oyentes a entender las verdades espirituales. La mayor parte de la gente necesitaba ayuda para entender el significado de las parábolas.

Justo después de que Jesús contase la Parábola del Sembrador, por ejemplo, sus discípulos comenzaron a rascarse la cabeza diciendo: «¿Por qué les hablas por parábolas?». Incluso sus seguidores más cercanos tenían dificultad para entender esa historia. Entonces Jesús dijo algo increíblemente profundo:

A vosotros os es dado saber **los misterios del reino de los cielos;** más a ellos no les es dado. Porque a cualquiera que tiene, se le dará, y tendrá más; pero al que no tiene, aun lo que tiene le será quitado.[1]

Estoy seguro de que a Jesús le entusiasmaba revelar estos misterios a sus discípulos cuando pedían que se lo explicara. Y durante dos mil años Él ha revelado la verdad espiritual a aquellos dispuestos a preguntar.

En marzo de 2020, leí la Parábola de las Diez Minas en Lucas 19 y me pregunté: «Pero ¿qué significa eso?». Eso es lo que mi mente humana se planteaba. ¿Cómo iba a saber yo que Jesús estaba a punto de comenzar a revelarme un misterio del Reino a mí?

Durante el año siguiente, el Espíritu Santo comenzó a revelarme los misterios del Reino de los Cielos en esta parábola. La comprensión y el entendimiento comenzaron a fluir. Empecé a apuntar todas las pepitas de oro de verdad que Él revelaba en la historia. La lista aumentó de una a cien y después hasta unas doscientas. *«Porque a cualquiera que tiene, se le dará»*.

Sacudí la cabeza y pensé: «¡Increíble! Esta parábola es una mina de oro».

Preguntaba a mis amigos más cercanos: «¿Has visto

---

1   Mateo 13:11-13

esto alguna vez? ¿No te parece intenso? ¿Te imaginas si yo predicase esto? ¡Madre mía! No sé yo qué pasaría. Me daría un poco de miedo».

Un año después, reuní el valor para predicar el mensaje por primera vez en una iglesia de Madrid, España. Estaba nervioso. ¿Qué pasaría cuando compartiese los misterios del Reino con aquellos que tenían oídos para oír?

Aquella mañana, Dios derramó su Espíritu con poder y los altares se llenaron de seguidores de Cristo arrepentidos. A partir de ese día, se comprometieron a ser siervos fieles y a dedicar sus vidas a negociar con la Mina.

El Señor me ha ayudado a mí a escribir este libro; ¡ahora te toca a ti entender este gran misterio! Que Él te dé oídos para oír, ojos para ver y un corazón que obedezca los secretos que Él te va a revelar.

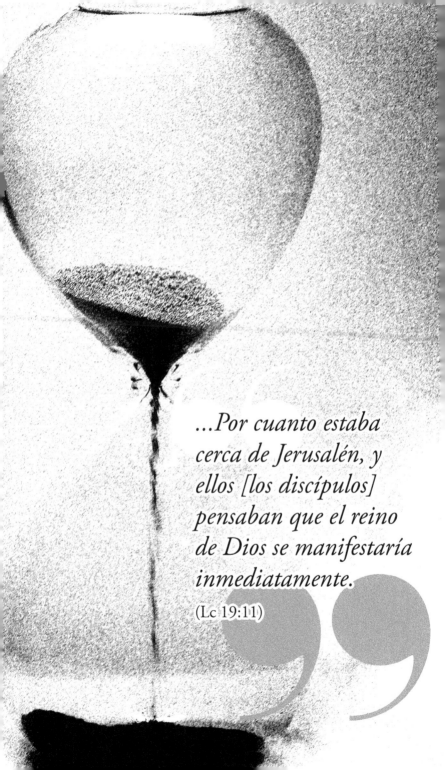

...Por cuanto estaba cerca de Jerusalén, y ellos [los discípulos] pensaban que el reino de Dios se manifestaría inmediatamente.

(Lc 19:11)

CAPÍTULO 2

¿POR QUÉ CONTÓ JESÚS ESTA PARÁBOLA?

Los seguidores de Jesús estaban bastante emocionados porque finalmente habían entendido que Jesús era el Hijo de Dios, el Mesías. Después de pasar tres años con Él, observando su vida y viéndole obrar lo sobrenatural, pensaron que quizá la semana siguiente, durante la Pascua, Él establecería su Reino físico.

Sin embargo, Jesús sabía algo que los discípulos desconocían. Más o menos una semana después, lo matarían. El Reino físico de Jesús NO se iba a establecer en aquel tiempo. Con esta parábola, Jesús quería aclarar y corregir la idea errónea de que su Reino sería establecido de manera inmediata. Les enseñó que debía marcharse durante un tiempo. Mientras tanto, tenía un trabajo para ellos, y cuando lo terminaran, Él volvería.

Aquí va una pregunta para hacerte pensar:

¿Dónde estaba Jesús cuando contó esta historia?

¿Recuerdas al hombre bajito, Zaqueo, el recaudador de impuestos que vivía en Jericó, a unos 35 kilómetros de Jerusalén? ¿Recuerdas lo que pasó entre Jesús y Zaqueo?

Nadie sabe con exactitud lo que dijo Jesús estando en casa de Zaqueo. Sin embargo, Zaqueo tuvo un encuentro cara a cara que cambió todo en su vida de forma radical. A causa de eso, mostró frutos inmediatos de arrepentimiento: pidió perdón a aquellos a los que había agraviado y devolvió multiplicado por cuatro el dinero que les había robado. ¡Ese es un claro indicador de una vida transformada!

Pero esto es lo interesante:

Cuando Jesús salía por la puerta de la casa de Zaqueo, les dijo algo a sus discípulos que les recordó su propia misión. Esas palabras sirvieron como preámbulo para explicar la misión de ellos.

«Porque el Hijo del Hombre vino a buscar y a salvar lo que se había perdido»[2]

---

2 Lucas 19:10

Ahí está. Jesús, el Hijo del Hombre, vino a buscar y a salvar lo que se había perdido.

Jesús declaró su propósito al venir a esta tierra, afirmando que no estaba aquí solo para hacer cosas buenas o para mostrarnos cómo vivir correctamente. Estaba aquí para buscar y traer salvación a los perdidos.

Justo después de oír estas cosas, Jesús contó la Parábola de las Diez Minas.

Dedica unos minutos a leerla por ti mismo en Lucas 19:11-27. A Jesús le queda una semana antes de que lo ejecuten en Jerusalén. Aquel era el momento de terminar de esculpir en los corazones de sus seguidores el mensaje más importante. Así que dice: «He venido a buscar y a salvar lo que se ha perdido». Allí de pie en la puerta del transformado Zaqueo, mira a sus discípulos y básicamente les dice: «Os estoy pasando el testigo. Al igual que era yo, ahora sois vosotros en el mundo.[3] Quiero que continuéis con mi misión: buscar y salvar a los perdidos». Esta «Gran Comisión» era un preludio de lo que los discípulos oirían justo antes de que Jesús se fuese al Cielo.

¿No es interesante que Jesús continuase con su misión una semana antes de su muerte y que todavía estuviese buscando a los perdidos? ¿No te asombra aún más que se

---

3   1 Juan 4:17.

mantuviese activo en su llamado de buscar y salvar hasta llegar a la cruz e incluso en ella, cuando le dijo al ladrón que había a su lado que estaría con Él en el Paraíso?

Jesús sale de la casa de Zaqueo y les cuenta a sus seguidores la Parábola de las Diez Minas, una historia para ayudarlos a entender el «único trabajo» que les está encargando.

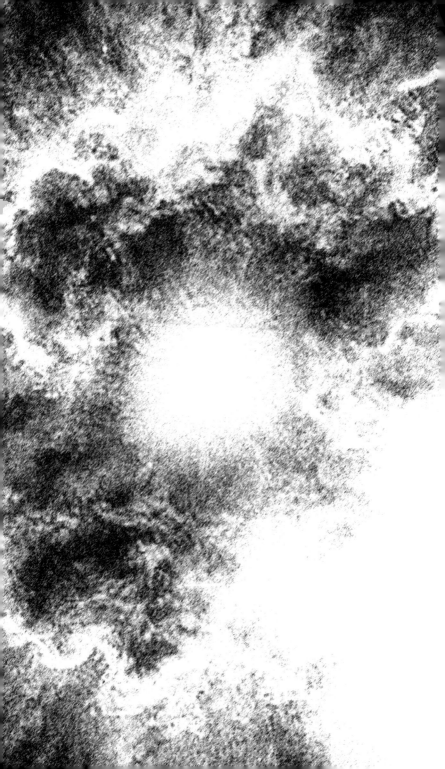

> *Un hombre noble se fue a un país lejano, para recibir un reino y volver.*
>
> (v.12)

CAPÍTULO 3

EL HOMBRE NOBLE

Voy a ayudar a definir unas cuantas cosas para poder entender mejor esta parábola.

El Hombre Noble. Jesús se refiere a sí mismo como un hombre noble que venía de un país lejano. Ese país era el Cielo.

¿Por qué tuvo Jesús que dejar esta tierra? Él dijo que tenía que recibir un Reino para sí mismo, y entonces, después de haberlo recibido, volvería.

Estas son algunas de las razones por las que Jesús vino a la tierra en un principio:

- Para buscar y salvar a los perdidos.
- Para quitar el pecado del mundo.

- Para destruir las obras del diablo.
- Para reconciliarnos con su Padre.
- Para establecer su reino en nuestros corazones.

Él cumplió su parte de la misión. Vino para quitar el pecado del mundo. Ese era su trabajo. Aunque Jesús llevó a cabo **su** misión, sus siervos deben completar la **suya** propia. Cuando lo hagan, Cristo volverá.

En este punto, la parábola se convierte en algo personal. Aquí es donde empezarás a comprender que para que Jesús reciba su Reino por completo, necesita que tú hagas tu trabajo.

Aunque Jesús cumplió su misión, sus siervos deben completar la suya.

Y llamando a diez siervos suyos, les dio diez minas.

(v.13)

CAPÍTULO 4

LOS DIEZ SIERVOS

¿Quiénes son los siervos? «Son gente que voluntariamente vive bajo la autoridad de Cristo como sus devotos seguidores. Es alguien que pertenece a otro, un esclavo sobre el que no se tiene ningún derecho de propiedad. El significado básico de siervo es la pertenencia, y la pertenencia a Cristo es el más alto honor en la vida»[4]

Así que el hombre noble (Jesús) llama a diez de sus siervos y les reparte las minas.

Cada siervo recibió una mina. Todos los siervos eran igualmente responsables de lo que el hombre noble les había dado, y su responsabilidad no se podía transferir a nadie más. Recuerda que algunos se llaman a sí mismos

---

4   Gary Hill, *The Discovery Bible.* Entrada: G1401, H.E.L.P.S Ministries, thediscoverybible.com.

siervos, pero no hacen lo que su amo les dice.[5] Estos son los malos siervos.

Al leer sobre las diez minas, la mayor parte de la gente piensa inmediatamente en la Parábola de los Talentos de Mateo 25.[6] Desde luego, están relacionadas y funcionan juntas, pero son diferentes. Por ejemplo, en la Parábola de los Talentos, Jesús le dio a un siervo cinco talentos, a otro dos, y a otro solamente uno, a cada cual según su capacidad. Sin embargo, en la Parábola de las Diez Minas, cada siervo recibe la misma cantidad. Un poco más adelante, entenderás cómo estas dos parábolas trabajan mano a mano.

¡Ahora es el momento de aclarar el significado de la Mina!

Todos los sirvientes eran igualmente responsables de lo que el noble les daba, y su responsabilidad no podía transferirse a otra persona.

---

5   Lucas 6:46.

6   Mateo 25:14-30.

...les dio **diez minas.**

(v.13)

CAPÍTULO 5

EL MISTERIO DE LA MINA

Antes de descubrir la importancia de la Mina, tenemos que saber qué es. Históricamente, una mina era un lingote de plata que pesaba alrededor de medio kilo. Este lingote de plata tenía el valor del sueldo de tres meses en el siglo primero.

¿Qué representa la Mina en esta parábola?

Esto es importante porque, una vez que conozcas el significado espiritual de la Mina, entenderás con más claridad el único trabajo que Dios espera que hagas.

Voy a compartir unas cuantas Escrituras de la Biblia que me han ayudado a interpretar el significado de la Mina.

1. ¿Qué estaba haciendo Jesús justo antes de contar esta historia? Estaba trayendo salvación a la casa de un pecador. Aquel encuentro con Zaqueo le inspiró a contar la historia de las Diez Minas.

2.   Jesús dijo: «Como me envió el Padre, así también yo os envío».[7] La misión de Jesús era buscar y salvar a los perdidos.

3.   Un par de meses después, cuando Jesús estaba a punto de ascender a «un país lejano», dijo: «Toda potestad me es dada en el cielo y en la tierra. Por tanto, id, y *haced discípulos* a todas las naciones, *bautizándolos* en el nombre del Padre, y del Hijo, y del Espíritu Santo; *enseñándoles* que guarden todas las cosas que os he mandado; y he aquí yo estoy con vosotros todos los días, hasta el fin del mundo» (énfasis añadido)[8]. ¿Suena esto a lo que el hombre noble les dijo a los diez siervos cuando les dio las diez minas? Les dijo que fuesen y negociasen con la mina mientras él no estuviera.

4.   En aquella misma montaña, otro discípulo oyó decir a Jesús: «Id por todo el mundo y *predicad el evangelio* a toda criatura. El que creyere y fuere bautizado, será salvo; mas el que no creyere, será condenado».[9] Jesús estaba a punto de irse a un país lejano y les dijo **otra vez** lo que quería que hicieran cuando se hubiese marchado.

5.   Más adelante en la historia, los siervos presentaron

---

7   Juan 20:21.

8   Mateo 28:18-20, énfasis mío.

9   Marcos 16:15-16.

al hombre noble lo que habían ganado negociando y le dijeron: «Señor, tu mina ha ganado...». Esta afirmación indica que la Mina no es nuestra (al igual que los talentos), sino que pertenece al Señor. ¿Qué fue lo que Jesús les dio a todos sus seguidores por igual que le perteneciese a Él?

6. Jesús dice: «Y será predicado este E*vangelio del reino* en todo el mundo, para testimonio a todas las naciones; y entonces vendrá el fin».[10] Así que Jesús volverá cuando reciba su reino. ¿Cuándo será eso? Cuando el Evangelio sea proclamado por todo el mundo.

La conclusión que saco yo de los puntos anteriores es que la Mina representa el **MENSAJE DEL EVANGELIO.**

Habiendo consultado docenas de comentarios bíblicos, me he dado cuenta de que muchos de ellos confunden la Parábola de las Diez Minas con la Parábola de los Talentos. Otros ni siquiera ofrecen una interpretación de la Mina o de su significado. Sin embargo, he descubierto otros que también llegan a la conclusión de que la Mina representa el mensaje del Evangelio. Estos son algunos de ellos.

7. Charles Spurgeon dice del siervo y de la Mina: «Ellos eran sus confidentes y administradores. Él no los estaba observando, pues se había ido a un país lejano y confiaba en que ellos fuesen ley para sí mismos. No tenían

---

10   Mateo 24:14.

que rendir cuentas diariamente, sino que se iban a quedar solos hasta que él volviera. Así es justo como el Maestro nos ha tratado a nosotros: **nos ha confiado el Evangelio** y depende de nuestro honor».[11]

8. G. Campbell Morgan dijo: «Podemos no tener diez talentos, pero ese es otro asunto. La libra[12] [Mina] es algo más que un regalo. La libra es un depósito, y es el **Evangelio** de la Gracia de Dios. Nosotros somos testigos de ese Evangelio».[13]

9. William Taylor afirma: «Para este propósito, él le ha dado una libra a cada uno, la bendición común del **Evangelio** y las oportunidades que este brinda. Los talentos eran diferentes para cada siervo, pero la libra era la misma para todos»[14].

La Mina Representa El Mensaje del Evangelio

¡El Mensaje del Evangelio! ¡Cuánto poder hay en la Mina! ¡El poder de Dios para salvación! ¡Poder explosivo!

---

11   C. H. Spurgeon, *Our Lord's Parables* (Passmore & Edinburgh: London, 1904), p. 245.

12   [N. de la T.] El autor en inglés se refiere a la Mina como *libra* aludiendo al peso de esta: 1 libra = 450 gr.

13   G. Campbell Morgan, *The Parables and Metaphors of Our Lord* (Marshall, Morgan and Scott, 1943), p. 247.

14   William M. Taylor, *The Parables of Our Savior* (Kregel Publications, Grand Rapids, MI, 1975) p. 437.

¡Poder transformador! ¡Poder para salvar un alma del fuego eterno! ¡Poder para liberarnos del diablo y romper las cadenas del pecado! ¡Poder para perdonar los pecados que hay en el libro de nuestra vida! ¡Poder para declararnos no culpables delante de Dios el Padre! ¡Poder para hacernos santos y aceptables delante de Dios! ¡Poder para abrir las puertas del Cielo! ¡Poder para convertirte en hijo o hija del Padre! ¡Poder para reconciliarte con Dios y convertirte en su amigo!

¡El Mensaje del Evangelio! Jesús ocupó nuestro lugar. El inocente por el culpable. El justo por el injusto. El limpio por el inmundo. Jesús bebió la copa de la ira y el juicio, ¡para que nosotros no tengamos que hacerlo!

El Mensaje del Evangelio es justo eso. Es un mensaje proclamado, ofrecido y recibido libremente. Eres salvo por gracia por medio de la fe; no es obra tuya, sino un don de Dios.[15]

Entender la Mina como el Mensaje del Evangelio no solo te ayuda a entender el significado de la parábola, sino que también define tu misión como siervo de Jesús. Describe el único trabajo que Él te dio para que hicieras en su ausencia.

---

15 Efesios 2:8.

Negociad entre tanto que vengo.

(v.13)

CAPÍTULO 6

NEGOCIAD

¡El hombre noble de la Parábola de las Diez Minas no dejó ninguna duda en cuanto a sus expectativas en relación con sus siervos! Tenían que coger la mina y negociar con ella hasta que él volviera.

Negociar significa hacer algo que aporte algún beneficio o ventaja. Jesús –tu Hombre Noble– te dio una poderosa Mina, y tú tienes que ponerla a trabajar, haciendo trueques, comerciando, negociando, invirtiendo y multiplicando ese Mensaje del Evangelio lo mejor que puedas.

Lo emocionante es que el Espíritu Santo te ha equipado con todo lo que necesitas para negociar con la Mina.

Fíjate en cómo la Parábola de los Talentos está

conectada a la Parábola de las Diez Minas. El Espíritu de Dios da «talentos» a cada siervo, en cada caso de acuerdo con la habilidad del siervo y según el designio del Espíritu mismo.[16]

Tanto la mina como el talento eran antiguas unidades de peso. Un talento en tiempos históricos era una cantidad concreta de plata que equivalía a algo más de 27 kilos. En estas dos parábolas, sin embargo, a estas unidades de peso se les da un significado espiritual, siendo la Mina el mensaje del Evangelio y los Talentos, nuestros dones y habilidades.

Una **mina** = 1 lingote de plata de unos 500 gr. de peso.

Un **talento** = 60 lingotes de plata con un peso total de 27 kilos.

Dos **talentos** = 120 lingotes de plata con un peso total de 54,5 kilos.

Cinco **talentos** = 300 lingotes de plata con un peso total de 136 kilos.

Por lo tanto, aunque seas un siervo de un solo talento, ¡Dios te ha dado gran abundancia de dones para negociar con el Evangelio! No tienes excusa para no negociar. ¡Tienes muchísimo!

---

16 Mateo 25:15: «A uno dio cinco talentos, y a otro dos, y a otro uno, a cada uno conforme a su capacidad; y luego se fue lejos».

El talento en la parábola de Mateo 25 representa lo que Dios te ha dado de manera específica y única como su siervo. Nadie más tiene exactamente lo que tienes tú. Tú eres el único que puede hacer la obra que Dios preparó para ti. Esto incluye tus habilidades, tus dones especiales, tu personalidad, las oportunidades que tengas en la vida, los dones espirituales, el dinero, la salud y la fuerza.

Así que vayamos al aspecto práctico durante unos minutos y hablemos de cómo podemos negociar con la Mina.

Estas son tres formas en las que puedes invertir la Mina.

1. Invierte la Mina en ti mismo.
2. Comparte la Mina con los ciudadanos –no creyentes– de este mundo.
3. Pon la Mina en uso discipulando a los siervos de Dios.

1. Invierte la Mina en ti mismo

Lo voy a decir otra vez: ¡invierte la Mina en ti mismo! *Tienes* que aplicar el Evangelio a tu propia vida primero. Debes permitir que el Evangelio tenga un efecto completo en ti, que transforme tu vida, o te arriesgarás a ser un siervo desleal y malvado. Es terrible el caso de las «personas religiosas» o de los «fariseos», que muestran cierta forma de piedad, pero niegan el poder de lo que Jesús hizo por ellos en la cruz al no permitir que el Evangelio transforme sus propias vidas.

Me entristece pensar en las muchas personas que hay en nuestras iglesias que solo «profesan». Dicen o profesan que son cristianos, y se hacen llamar cristianos, pero no han nacido realmente de nuevo. No tienen una nueva naturaleza, el Espíritu de Dios no habita en ellos, no tienen el olor fragante de Cristo y no dan frutos de arrepentimiento. No negocian con la Mina porque no tienen ni el interés ni el deseo de hacerlo. La motivación para evangelizar, vivir en santidad y discipular a otros solo viene de una naturaleza nueva.

Philip Ryken dice: «Estas son algunas de las maneras en las que podemos poner el Evangelio en práctica. Lo hacemos creciendo en nuestra vida cristiana mediante el arrepentimiento, la oración y la dependencia diaria del Espíritu Santo. Lo hacemos confiando en que Dios va a satisfacer nuestras necesidades y a guiarnos en nuestras decisiones».[17]

Montones de personas reciben la Mina cada semana en la iglesia y no hacen nada para aplicarla a sus vidas. ¡*No*

---

17 Teólogo cristiano y presidente de Wheaton College, Philip Graham Ryken, *Gospel of Luke: Volumen 2, Reformed Expository Commentary* (P&R Publishing, 2009).

te conviene ser uno de ellos! Asegúrate de que inviertes la Mina en ti mismo.

2. Comparte la Mina con los ciudadanos de este mundo

Jesús afirmó que, así como el Padre lo enviaba a Él, Él nos estaba enviando a nosotros para ser una luz que brille en la oscuridad, la sal de la tierra, para ir por todo el mundo. ¿Cómo van a clamar los perdidos el nombre del Señor si no tienen a nadie que les hable de Él? Somos los embajadores, los representantes de Cristo, implorando a los ciudadanos e instándoles a reconciliarse y a hacer las paces con Dios.

Eso significa negociar con la Mina.

Ni tu edad ni tu localización pueden limitar tu negocio. Mi suegra está en un centro de vivienda asistida. Aunque no puede salir mucho, colabora con las misiones invirtiendo su dinero en otros que sí pueden estar en el frente. Ora por las personas que viven en el mismo complejo e intercede por la salvación de su familia y sus amigos. ¡Así se negocia con la Mina!

Otro ejemplo de cómo negociar con la Mina viene de una mujer joven de México. Recibió literalmente medio kilo de plata con un valor de unos 500 €. Cuando compartió el mensaje de la Mina con su pastor, él le pidió que lo compartiese con la iglesia. Inspirada, la gente formó un grupo de evangelismo. Ese grupo fue a las calles de su ciudad y compartió el Evangelio. Cuando la gente se arrepentía y decidía seguir a Jesús, esta mujer y el grupo de evangelismo los invitaban a tomar café en la iglesia para ayudarlos a crecer en su nueva fe. Pronto fueron aumentando y el lugar se les quedó pequeño, así que tuvieron que agrandarlo. Llamaron a la nueva cafetería Café La Mina. Después ella fundió el lingote de plata, hizo un molde en miniatura con forma de Mina y colgó pequeñas Minas en collares y pulseras. Ahora las vende ¡y da los beneficios a las misiones! ¡Está haciendo un trabajo estupendo negociando con la Mina!

3. Trabaja con la Mina discipulando a los siervos de Dios

La Gran Comisión tiene dos partes: proclamar la Mina –el Evangelio– y discipular a aquellos que lo aceptan. El discipulado, en el sentido más puro de la palabra, no es «asistir a una clase». Es llevar contigo a otro siervo como tú y decirle: «Sígueme mientras yo sigo a Cristo. Haz lo que yo hago». (¿Ves lo importante que es absorber e integrar la Mina en tu vida primero?). Que el nuevo creyente te oiga orar. Permítele que se pegue a ti mientras compartes el Evangelio con alguien. Estudiad las Escrituras juntos. Pregúntale: «¿Qué te está enseñando el Señor durante tu tiempo de devocional?». Haz que te rinda cuentas. Enséñale a obedecer todas las cosas que Cristo nos enseñó. Eso también ayuda a los demás a negociar con su Mina.

Jesús no les dice a sus siervos **cómo** hacer negocio y obtener beneficios con su mensaje. ¡Yo creo que eso es bueno! Supón que nos hubiese dado una metodología y nos hubiera dicho que todos nos tenemos que poner sobre una caja roja en una esquina de la calle y proclamar el Evangelio. En ese caso, podrías dudar y decir: «Bueno, ¡no sé yo!». El «cómo» es lo que el Espíritu Santo te revelará según tus dones y talentos. Recuerda, puede haber mil métodos diferentes, pero solo hay un Mensaje. Dios te da todas las herramientas que necesitas, y después es cosa tuya descubrir el «cómo» con la ayuda del Espíritu Santo.

Mucha gente está involucrada en proyectos relacionados con la Mina que suplen las necesidades físicas de la gente. «También ponemos el evangelio en práctica sirviendo a la gente necesitada, mostrando el amor y la misericordia de Cristo a la gente que se siente sola, que está enferma, que no tiene hogar, que sufre y que tiene miedo. Además, ponemos el evangelio en práctica amando a nuestras familias con el amor de Jesús y compartiendo nuestra fe con nuestros amigos. Ponemos el evangelio en práctica invirtiendo en la obra misionera mediante la oración, las donaciones, el envío de gente y yendo a 'las naciones' con las buenas noticias sobre Jesucristo».[18]

Recuerda esto: puedes hacer muchas «cosas buenas» en el mundo, que son esenciales, pero la Cruz Roja también hace muchas cosas buenas. Los no creyentes alimentan a los hambrientos y cavan pozos para conseguir agua potable. Uno no necesita ser seguidor de Cristo para hacer eso. Pero hay algo que solo *tú* le puedes dar al mundo que nadie más le puede dar: **el Mensaje del Evangelio**. Pon en práctica lo primero sin descuidar lo segundo.

La historia del Sembrador también te ayudará a entender tu negocio con la Mina.

Recuerda: la Mina no es tuya, sino de Dios. En la Parábola del Sembrador, la semilla es el Evangelio, lo mismo que la Mina. Al igual que plantas la semilla en la vida de la gente y esta cae en corazones cuya tierra tiene diferentes niveles de preparación, cuando ofrezcas el mensaje de la Mina, las respuestas serán diferentes.

Recuerda: tú no determinas el tipo de corazón en el que la semilla/mina –el Evangelio– cae.

1. Algunas personas tendrán un corazón duro y no entenderán el mensaje, y el diablo robará inmediatamente la Mina que les ofreces.

---

18   Ryken, Gospel of Luke.

2. Algunos escucharán el mensaje de la Mina y lo recibirán con gozo. Sin embargo, cuando lleguen los tiempos difíciles, se apartarán porque el Evangelio no tendrá raíz.

3. Otros escuchan la palabra de la Mina, pero aman más al mundo. Su amor por las riquezas y los placeres les roba la Mina sin que la inversión les dé ningún rendimiento.

4. Luego hay un grupo de gente con el corazón abierto que, cuando se les ofrece la Mina, la entienden, la aceptan de corazón y producen abundante rendimiento.

Espero que no te hayas saltado esta historia. «Sí, esa ya me la sé». Si te has saltado esos cuatro puntos, vuelve atrás y léelos.

Estas son algunas de las cosas que he aprendido sobre sembrar o «invertir» la Mina.

1. Al igual que es nuestro trabajo esparcir las semillas, es nuestro trabajo ofrecer la Mina.

2. Los cuatro tipos de corazones oyen el Evangelio, pero solo uno muestra el fruto de la SALVACIÓN.

3. No todos los que levantan la mano, salen adelante en un llamado al altar o dicen la oración del pecador son nacidos de nuevo. Ten mucho cuidado si tú eres uno de los que «cuenta a los que dan un paso adelante». Tú no sabes lo que ha ocurrido verdaderamente en el corazón de esa persona. Solo Dios lo sabe. Con el tiempo, podemos

ver frutos de arrepentimiento. Entonces, si hay fruto y sigue creciendo, sabremos que la Mina ha sido aceptada y aplicada a su alma.

Éxito negociando con tu Mina

La frustración más grande en el evangelismo y el discipulado es la falta de fruto inmediato o de resultados visibles. Nos sentimos fracasados si no vemos rápidamente lo que queremos o esperamos.

Tengo que decirlo otra vez. Si mides tu éxito por la rapidez de los resultados, te frustrarás, te desanimarás y posiblemente dejarás de negociar.

El éxito en el negocio de la Mina se mide de manera diferente al éxito en un negocio terrenal. El éxito lo determina tu fidelidad a la hora de compartir el Evangelio, no los resultados visibles e inmediatos.

Tú no eres responsable del resultado, ¡el responsable es Dios! Si exageras los resultados externos para quedar bien ante tus semejantes, diluirás el Mensaje del Evangelio para hacerlo más agradable y menos ofensivo. Dejarás de hablar del pecado, del juicio, de la eternidad, del infierno, del horror de la cruz, de la ira de Dios y del arrepentimiento. Caerás en el error de animar a la gente a repetir una oración carente de arrepentimiento si quieren una vida mejor y una entrada gratis al Cielo.

Amigo, no estoy seguro de cómo decirte esto. NO puedes ser esa persona que en el día final se presente ante Jesús y confiese que manipuló la Mina mezclándola con una aleación inservible y despojándola de todo su poder y valor.

¡En serio! Con la Mina no se juega.

Antes de terminar este capítulo, quiero ayudarte a definir tu papel y tu responsabilidad en cuanto al negocio de la Mina.

Existen tres papeles en el ministerio.

1. El papel de Dios.

2. Tu papel.

3. El papel del pecador.

El Papel de Dios

Aclaremos que este plan de negocio es todo idea de Dios desde el principio. Sí, Él te invitó a hacerte socio, y tú te has convertido en colaborador de Cristo. Sin embargo, la idea fue suya. El mensaje es Suyo. El poder viene de Él. Él es el que lo hace crecer. Él es el que hace que el fruto madure. Él es el que convence de pecado. Él es el que salva el alma. Él es el que edifica Su iglesia. Él es el que hace avanzar Su reino. Él es el que escribe el nombre de la gente en el Libro de la Vida cuando se arrepiente. Él es el que soporta el peso. La carga del negocio de la Mina recae sobre Sus hombros. La salvación pertenece a Dios. Por lo tanto, te sentirás frustrado y fracasado si intentas hacer el trabajo de Dios.

Tu Papel

Somos socios de Dios, y aunque nuestro papel sea «pequeño», es crucial. Buscando en las Escrituras he descubierto que nuestro papel en el negocio de la Mina se parece mucho al papel del sembrador, plantando y regando el Evangelio. A veces, Dios nos permite acompañarlo durante la cosecha.

> Yo planté, Apolos regó; pero el crecimiento lo ha dado Dios. Así que ni el que planta es algo, ni el que riega, sino Dios, que da el crecimiento. Y el que planta y el que riega son una misma cosa; aunque cada uno recibirá su recompensa conforme a su labor. Porque nosotros somos colaboradores de Dios, y vosotros sois labranza de Dios, edificio de Dios (1 Cor 3:6-9).

Él nos envía por las carreteras y por los caminos a convencerlos de que entren. Sigue haciendo tu trabajo y serás un siervo fiel. No solo eso, sentirás la aprobación de Dios en tu vida, te sentirás útil, tendrás un propósito en la vida y tendrás algo por lo que vivir. Cuando el peso de los resultados deja de descansar sobre tus hombros y pasa a los de Dios, comienzas a disfrutar de negociar con la Mina más que nuca.

El Papel del Pecador

Puedes contar con que Dios haga su trabajo, y Dios confía en que tú harás el tuyo. Sin embargo, los pecadores tienen que dar el paso. Tienen que clamar el nombre del Señor. Tienen que reconocer que han ofendido a Dios y arrepentirse. Después, sus pecados serán borrados y su culpa será eliminada. Pero es su elección. Dios elige *no* hacer eso por ellos. Tú *no puedes* hacerlo por ellos. Su papel es arrepentirse y creer.

Ahora entiendes que tu misión en la vida es negociar con la Mina. ¿Y por qué es tan importante? Una de las razones es por amor a los ciudadanos.

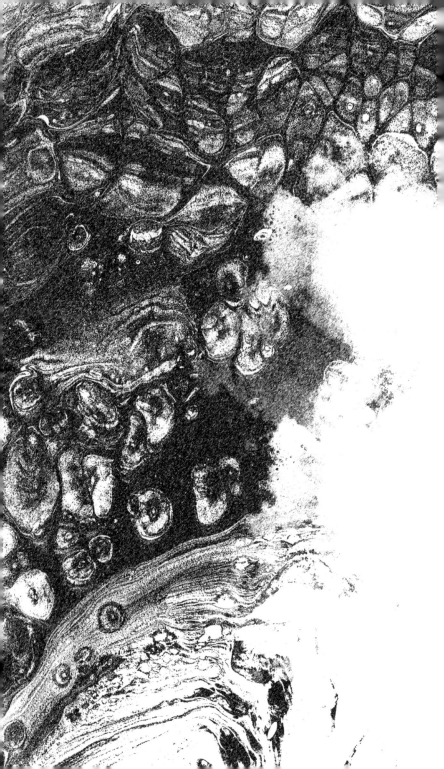

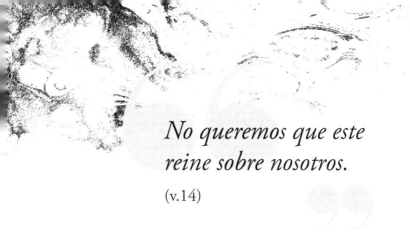

No queremos que este reine sobre nosotros.

(v.14)

CAPÍTULO 7

LOS CIUDADANOS

¿Quiénes son los ciudadanos? Todos aquellos que no son siervos de Cristo.

Jesús se refiere a los ciudadanos como sus enemigos, rebeldes a su reino. Ellos *no* querían que Jesús reinara sobre ellos. No estaban dispuestos a que Él fuese Señor ni a que dirigiera y guiara sus vidas. Querían hacer las cosas a su manera y no querían que nadie les dijese qué hacer. Su filosofía en la vida era: «Voy a hacer lo que quiera, con quien quiera y cuando quiera».

Son rebeldes porque nacen así. El pecado original está en su ADN. Sus corazones de piedra no pueden someterse a Dios. No es tanto la ignorancia o la falta de conocimiento lo que les impide someterse a la voluntad de Dios, sino simplemente un corazón duro.

La mayoría de aquellos de tus amigos y tu familia que no han doblado sus rodillas ante el Señorío de Jesús, son ciudadanos porque eligieron serlo. Se niegan a decir: «No se haga mi voluntad, sino la tuya». ¡Qué obstinada y rebelde es la voluntad depravada!

Los ciudadanos quieren sexo inmoral, dinero, entretenimiento, mejores trabajos, popularidad, religión y hacer las cosas a su manera. No quieren hacer lo que Dios quiere.

En tu iglesia hay tanto siervos como ciudadanos. Que no te engañen a *ti*, aunque se engañen a *ellos mismos*. Los ciudadanos son de los primeros en ser religiosos, orar en voz alta, aparecer por la iglesia, cantar canciones, dar dinero en la ofrenda y mencionar a Dios. Y, sin embargo, sus corazones están lejos de Él. Pueden creer en Dios, pero no tiemblan, aunque incluso los demonios lo hacen.

Dios te ha enviado a negociar con la Mina a causa de los ciudadanos. Quiere que uses todos los talentos que se te han asignado con la esperanza de que algunos se vuelvan de la oscuridad a la luz.

Saber lo que sufrió Jesús en la Cruz por su causa debería ser motivación suficiente para negociar entre ellos.

Saber lo que les ocurre a los ciudadanos el Día del Juicio ¡también debería motivarte a negociar con ellos! (Ver Lucas 19:27).

La parte histórica del relato ya ha terminado. Ahora avanzaremos al futuro, cuando el Hombre Noble vuelve con poder y gloria.

*Aconteció que vuelto él,
después de recibir el reino...*

(v.15)

CAPÍTULO 8

JESÚS REGRESA

¡El Hombre Noble ha vuelto!

Él enviará a sus ángeles con gran voz de trompeta, y ellos reunirán a sus escogidos de los cuatro vientos, desde un extremo del Cielo hasta el otro. El Evangelio ha alcanzado los confines de la tierra, el número de Gentiles se ha completado y los escogidos son salvos. El Hombre Noble finalmente ha recibido su reino, y el Padre se ha levantado y ha cerrado la puerta de la misericordia y la salvación.

La vida como la conocemos terminará. El cielo y la tierra serán consumidos por el fuego. Nuestra negociación con la Mina habrá terminado. Tu destino eterno ya habrá sido determinado. Nada de lo que te importa hoy te importará en aquel día excepto lo que hiciste por Él.

En ese punto de la parábola es en el que te encuentras. Todos nos encontramos ahí. Estamos delante del Hombre Noble, Jesús, rindiéndole cuentas. Todos hemos sido advertidos de que esto pasaría. Todos sabíamos cuál era nuestro trabajo. Jesús habló sobre este día en muchas de sus enseñanzas. Esta verdad no debería sorprendernos.

El siervo genuino de Cristo no tiene miedo a ser echado en las tinieblas de afuera. La salvación no se gana. No trabajamos para conseguirla; no es de nosotros, pues es don de Dios. Sin embargo, nuestra *recompensa* y nuestra posición en el Cielo se basan en nuestro trabajo con la Mina. Cuanto más negocies con la Mina, mayor será tu recompensa.

Ahora es el momento de presentarse ante el Hombre Noble y rendir cuentas sobre cómo hemos usado su Mina.

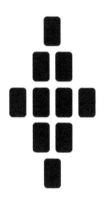

Vino el primero, diciendo:
Señor, tu mina ha ganado
diez minas.

(v.16)

EL PRIMER SIERVO

Bueno, ¡ha llegado la hora de la verdad! Toda tu vida culmina en este momento. Ahora entiendes lo que Jesús quiso decir cuando te dijo que te hicieras tesoros en el Cielo y no en la tierra. Tiene sentido que tuviéramos que poner nuestra mira en las cosas de arriba y no en las cosas del mundo. También, cualquier cosa que hagamos, la haremos para Él y no para los hombres, sabiendo que recibiremos una herencia como recompensa porque hemos servido a Cristo.

Aquí, Dios no nos está preguntando a qué iglesia o a qué religión pertenecemos. No tendrá importancia si eres arminiano, calvinista o si prefieres adorar a Dios dando palmas y levantando las manos o arrodillándote en silencio delante de Él. Lo que importará será cuántas Minas tengas ese día para devolver a Dios.

Fíjate en las palabras del siervo: «Señor, *tu* mina ha ganado diez minas» (énfasis añadido). ¡Eso es un beneficio del 1.000%! El siervo era plenamente consciente de a quién pertenecía la Mina que sostenía. Era la Mina del Señor, no del siervo. El primer siervo era el protector y el inversor, pero el hombre noble fue el que hizo la primera inversión. El poder de multiplicación descansa en la Mina. La Mina produce más Mina. La Mina se multiplica. Nunca se te puede acabar.

Tal vez el primer siervo no supo cuánto había producido la Mina del Señor hasta que llegó el hombre noble. El primer siervo hizo el trabajo; el tesoro se invirtió con sabiduría, y el resultado de su trabajo no fue evaluado hasta aquel día.

Observa cómo responde el Señor: «¡Bien hecho! Eres un buen siervo».[19]

Bendito seas entre los hijos de los hombres, Don Primer Siervo. ¿Has oído lo que te ha dicho el Señor? ¿Has notado la exclamación en «¡Bien hecho! ¿Eres un buen siervo»? (¿No sería esa suficiente recompensa?).

Las palabras de afirmación de Jesús «¡Bien hecho!», están reservadas para aquellos que hicieron su trabajo y presentaron la Mina multiplicada. Asistir a la iglesia, tener un tiempo de devocional y ser un buen prójimo son cosas esenciales. Sin embargo, si quieres oír: «¡Bien hecho!»,

---

19   Lucas 19:17 (RVC 2011).

debes llegar con algo más que la Mina que se te dio. Que tu objetivo sea oír esas monumentales palabras cuando veas a Jesús cara a cara.

La historia continúa: «Por cuanto en lo poco has sido fiel...». El primer siervo fue alabado por su *fidelidad*, no por el número de Minas que le devolvió a Jesús. Jesús pide poco de nosotros. Es solo un poco. Simplemente ofrece a otros un lingote de plata. No es tan difícil. Si alguien no lo quiere, ofréceselo a alguien más. Dios no te está pidiendo que hagas *su* trabajo. Simplemente comparte el Mensaje. El que sea fiel en lo poco, recibirá mucho.

El hombre noble dice: «Tendrás autoridad sobre diez ciudades».

El primer siervo presenta diez minas y reina con Jesús sobre diez ciudades. Cuanto más trabajes ahora, más recibirás ese día. Cuanto más le presentes a Jesús ese día, más te dará Él. Jesús paga dividendos muy altos por lo «poco» que hayamos hecho.

Tu fidelidad en el negocio de la Mina ahora te proporcionará autoridad en el Cielo y te dará el privilegio de reinar con Él. Yo no sé lo que eso significa, pero, aunque esa verdad pueda estar cubierta por un poco de misterio, ¡sigue sonando bien!

En este mundo, posiblemente verás poca recompensa por tu labor. La gracia de Dios solo nos permite captar algunos resultados en la tierra, ya que no muchos egos sabrían manejar un éxito grande y visible. Al negociar con tu Mina, solo verás un pequeño porcentaje del bien que estás haciendo. Tus tesoros eternos se mantendrán invisibles mientras estés en la tierra. Por lo tanto, sigamos trabajando y esperemos con expectación ese día final en el que recibiremos nuestra recompensa.

Es interesante notar que no hay dos sirvientes que reciban la misma recompensa. Puede que algunos hayan tenido más talentos o hayan trabajado más. Lo que parece estar claro es que estamos determinando ahora mismo el tamaño de la recompensa que recibiremos ese día.

Ahora entra en la sala el segundo siervo.

Señor, tu mina ha producido cinco minas.

(v.18)

CAPÍTULO 10

EL SEGUNDO SIERVO

—Siguiente. ¿Tu nombre, por favor?

—Soy el segundo siervo.

—Bien. ¿Qué tienes para mí hoy?

—Señor, tu mina ha producidos cinco minas». (¡Eso es un incremento del 500%!)

Llegará el día en que nos presentaremos delante de Jesús de manera individual.

Aunque la historia no registre si el segundo siervo oyó «¡Bien hecho!», sí que sabemos que consiguió cinco ciudades como beneficio por las cinco minas, así que podemos suponer que el hombre noble estaba satisfecho. Al segundo siervo no se le comparó con el primero. Así que, tanto si presentas muchas Minas como si presentas solo unas pocas ante el hombre noble, lo que Él premiará será la fidelidad en tu trabajo.

No todos los siervos fieles tienen el mismo éxito. A muchos en la Biblia no se les conocen muchos convertidos y, sin embargo, fueron considerados fieles.

Dios le dijo a Jeremías: «Tú, pues, les dirás todas estas palabras, pero no te oirán; los llamarás, y no te responderán» (Jr 7:27). Él tenía el corazón de Dios y el Mensaje de Dios. Sin embargo, se pasó la mayor parte de su ministerio llorando porque la gente no se volvía al Señor. Y, aun así, Jeremías fue un siervo fiel.

Noé predicaba la rectitud, y, sin embargo, se dijo de su generación: «Y vio Jehová que la maldad de los hombres era mucha en la tierra, y que todo designio de los pensamientos del corazón de ellos era de continuo solamente el mal (Gn 6:5). Los versículos 11 y 12 dicen: «Y se corrompió la tierra delante de Dios, y estaba la tierra llena de violencia. Y miró Dios la tierra, y he aquí que estaba corrompida; porque toda carne había corrompido su camino sobre la tierra». Sin embargo, «Noé halló gracia ante los ojos de Jehová» (v. 8).

Dios solo rescató a ocho personas de la muerte de entre todo el mundo. Nadie más respondió a la advertencia de Noé. Sin embargo, él fue hallado fiel.

Jesús predicó durante tres años, y solo unos pocos estuvieron ahí para decirle adiós en su ascensión. Sin embargo, Él fue fiel.

Puedes estar seguro de que tu fidelidad y tu negociación con la Mina tendrán su recompensa. Puedes confiar en que Jesús será generoso.

En estos dos primeros ejemplos, todo es maravilloso, ya que vemos a siervos fieles ser recompensados. Sin embargo, no ocurre lo mismo con el siguiente siervo.

Vino otro, diciendo: Señor, aquí está tu mina, la cual he tenido guardada en un pañuelo; porque tuve miedo de ti, por cuanto eres hombre severo, que tomas lo que no pusiste, y siegas lo que no sembraste.'

(v.20-21)

CAPÍTULO 11

EL TERCER SIERVO

Jesús le dedica mucho tiempo al tercer siervo. La interacción del hombre noble con los dos primeros siervos consta solamente de dos versículos en cada caso. Al tercero, sin embargo, le dedica seis.

¿Por qué le dedica tanto tiempo a un siervo malvado y torpe?

¿Puede ser porque es donde la mayoría de los autodenominados cristianos se encuentran en la actualidad?

Según las estadísticas, el cristianismo es la mayor religión del mundo, con una cantidad estimada de 2.500 millones de seguidores. Esta estadística representa aproximadamente un tercio de la población mundial. Si todos fuesen siervos fieles, estadísticamente solo tendríamos que compartir el Evangelio con dos personas cada uno, ¡y nuestro trabajo estaría hecho!

Una gran cantidad de los autodenominados cristianos no son siervos fieles. Rechazan o ignoran lo que se les ha dicho que hagan. Andar por el camino ancho parece más fácil y requiere menos sacrificio. Ni los ciudadanos ni el mal siervo hicieron ningún esfuerzo para entrar por la puerta estrecha. ¡Deberían haberlo hecho!

Así que hablemos sobre este enorme grupo de autodenominados cristianos.

¡Pobres de vosotros, que os llamáis a vosotros mismos cristianos, pero no obedecéis a vuestro Señor! Se os ofreció la Mina muchas veces, pero nunca la cogisteis y os la aplicasteis a vosotros mismos. Estuvisteis muy cerca de la salvación, pero elegisteis no recibirla. Teníais conocimiento del mensaje, pero lo rechazasteis. ¿Lo que Cristo hizo en la cruz no os inspiró a abandonar vuestros pecados? ¿Las advertencias de un infierno que arde con fuego y azufre no despertó el temor de Dios en vosotros y os perturbó hasta lo más profundo? ¿De verdad creísteis que podíais hacer muchas cosas en su nombre a la vez que continuabais pecando y esperabais que la puerta del Cielo estuviese abierta para vosotros?

«¡Señor, señor, ábrenos!».

¿Señor? ¿*Ahora* le llamáis Señor? Dios no os reconocerá, al igual que vosotros no le reconocisteis a Él. Pobres de vosotros, que os declaráis cristianos, cuando oigáis las terribles palabras «Apartaos de mí», pronunciadas por Aquel que deseaba ser vuestro Salvador. El Cordero de Dios se podría haber llevado vuestros pecados, pero no quisisteis. Por vuestras elecciones, la ira del Cordero os echa en las tinieblas de afuera, donde habrá lloro y crujir de dientes. Veréis a los siervos fieles entrar al Cielo, junto con Abraham, Isaac y Jacob, pero vosotros seréis excluidos.

Volvamos a la historia.

Cuando el hombre noble lo llamó, el tercer siervo respondió: «Señor, aquí está tu mina». (¡Eso es un 0% de beneficio!).

¿Qué? ¿Le estás devolviendo la Mina a Jesús? Ese era el único mensaje que podía salvar tu alma, ¿y tú lo has envuelto y te has olvidado de él?

«Espantaos, cielos, sobre esto, y horrorizaos; desolaos en gran manera», dice el Señor.[20] ¿Desprecias el regalo de Dios y le insultas intentando devolverle el Evangelio?

«¿Cuánto mayor castigo pensáis que merecerá el que pisoteare al Hijo de Dios, y tuviere por inmunda la sangre

---

20   Ver Jeremías 2:12.

del pacto en la cual fue santificado, e hiciere afrenta al Espíritu de gracia?» (Hb 10:29).

Las excusas que en algún momento calmaron la conciencia del tercer siervo no le hacen ningún favor en el día del juicio. Escondió la Mina con la pobre excusa de estar asustado. Este siervo no era cobarde, era vago y malvado. La inactividad y la pereza eran una excusa. Si tuvo la suficiente energía para envolver la Mina en un pañuelo, esconderla y ocuparse de sus asuntos mundanos, seguro que podía haber tenido algo de energía para negociar con el Evangelio. Sin embargo, dijo que estaba asustado. Si tenía temor de Dios, ¿por qué no invirtió la Mina?

El tercer siervo dijo que estaba asustado y acusó al hombre noble de ser severo porque segaba lo que no sembró.

Es interesante que Jesús no corrija esta valoración. «Sabías que yo era hombre severo...». Lo único que tenemos que hacer es leer el último versículo de la parábola para estar de acuerdo con el hecho de que Dios es severo cuando masacra a sus enemigos. Fíjate en la bondad y la severidad de Dios: severidad con aquellos que han caído, y bondad para sus siervos, siempre y cuando le obedezcan. De otra manera, ellos también serán cortados[21]. Si te cuesta creer

---

21   Ver Romanos 11:22.

que Dios sea severo, simplemente mira la cruz para ver la severidad de Dios derramada sobre su Hijo. Dios es a la vez severo y bondadoso. Tú eres el que elige ahora cómo quieres que sea contigo al final.

El tercer siervo acusa a Dios de segar lo que no sembró. En otras palabras, Dios hace lo que le place.

¡Por supuesto que Dios hace lo que le place!

Y, sin embargo, agradó al Padre enviar a Jesús a la tierra. Para sacrificarlo y molerlo. Agradó al Padre que Jesús cargara con los pecados y la culpa de todos sus enemigos. Agradó al Padre que su Hijo bebiera de la copa de su ira para que tú no tuvieras que hacerlo. Agradó al Hijo saborear la muerte por ti para que pudieras vivir. Agradó al Hijo coger las llaves de la muerte y el Hades para que tú pudieras vivir para siempre.

¡Sí! ¡Dios hace lo que le place! ¡Y yo estoy muy agradecido de que sea así!

Mal siervo, por tu propia boca te juzgo. Sabías que yo era hombre severo, que tomo lo que no puse, y que siego lo que no sembré; ¿por qué, pues, no pusiste mi dinero en el banco, para que al volver yo, lo hubiera recibido con los intereses? [...] Quitadle la mina.'

(v.22-24)

CAPÍTULO 12

EL TERCER SIERVO, PARTE II

El hombre noble pronuncia el veredicto, y al tercer siervo se le llama malo. En el Nuevo Testamento, la palabra «malo» también se traduce como malvado, malévolo, maligno y perezoso.[22] Él demostró su maldad al rechazar las instrucciones de su maestro. En vez de usar el medio kilo de plata para generar beneficios, la Mina que había recibido fue retirada de la circulación y escondida en un pañuelo.[23] Ni siquiera la depositó en el banco para

---

22   Biblehub.com/greek/Strongs 4190.htm.

23   Joel B. Green, *The Gospel of Luke: The New International Commentary on the New Testament* (Wm B. Eerdmans Publishing Company; Grand Rapids, MI), 1997.

que generara intereses. El tercer siervo no creía en el valor y el poder de la Mina. Siendo el negocio tan urgente y el encargo tan claro, su silencio y su inactividad eran inexcusables.[24]

En el mundo financiero, hay dos maneras de ganar dinero: una activa y otra pasiva. «Se definen los ingresos activos como cualquier ingreso generado que requiera una inversión de tiempo y energía constantes por tu parte»[25]. Algunos ejemplos son los trabajos por horas, los sueldos regulares y las comisiones por ventas. Si no aportas ningún esfuerzo, no consigues ningún rendimiento. Es donde tienes que remangarte, ponerte las botas, ensuciarte y trabajar.

«Los ingresos pasivos son cualquier cantidad adquirida de cualquier manera que no requiera demasiado esfuerzo».[26] Algunos ejemplos son los intereses bancarios, las acciones, los bonos y las propiedades en alquiler. Tú realizas la inversión inicial y tu dinero trabaja para ti mientras tú haces osa cosa, incluso dormir.

Lo *mínimo* que este siervo podría haber hecho era

---

24   Fred B. Craddock, *Interpretation: A Bible Commentary for Teaching and Preaching* (Westminster John Knox Press; Louisville, KY, 1990).

25   https://www.financialsamurai.com/difference-between-active-income-and-passive-income/

26   https://corporatefinanceinstitute.com/resources/accounting/passive-income/

depositar el lingote de plata en el banco para que generase intereses. Si hubiera hecho eso, el día del juicio no se habría presentado delante del maestro con las manos vacías. Lo que el hombre noble esperaba de su siervo era que multiplicase la Mina, lo cual requería una inversión activa de tiempo y energía. A la hora de negociar con el Evangelio, cuanto más activa es la manera en la que realizamos el trabajo, más agradará al maestro el resultado. Unos pueden hacer más y otros menos, ¡pero haz algo! Jesús te ha llamado a hacer algo con la Mina. Al tercer siervo se le encomendó la tarea de invertir la Mina de alguna forma. Sin embargo, eligió ceder ante el miedo, la pereza o lo que fuera que le hiciera esconder la mina en un pañuelo.

¡No nos equivocaríamos al decir que al hombre noble eso no le gustó nada!

«Quitadle la mina...».

Escuchar esa orden sería una cosa horrenda. La salvación está en tus manos, y por tu negligencia, incredulidad y pereza, te la arrancan de las manos. Los siervos religiosos, falsos y desleales que esconden la Mina descubrirán al final que habría sido mejor si nunca hubiesen nacido. ¡No creo que el siervo se tomase la molestia de entender lo que poseía!

El hombre noble condenará ahora al tercer siervo con sus propias palabras. El siervo desleal no perece el último día por su falta de conocimiento: «Sabías que yo era hombre severo...». El mal siervo eligió centrarse solamente en la severidad de Dios y ni siquiera se le permitió devolver la Mina. El hombre noble se la arrebata. ¡Jesús *se la arrebata*! «Mas al que no tiene, aun lo que tiene se le quitará».

No tienes esperanza si Dios te quita la Mina o el Mensaje del Evangelio. Yo no creo que este siervo «perdiera su salvación». A él se le ofreció la salvación al igual que a los demás siervos, pero el mal siervo eligió no aplicársela a sí mismo ni hacer nada con ella. No la valoró ni creyó en ella. Por lo tanto, el hombre noble se la quitó. No era un siervo fiel nacido de nuevo. Si el tercer siervo hubiera sido un siervo genuino, habría sido como Zaqueo y habría mostrado gratitud y fruto de arrepentimiento. Habría obedecido al hombre noble.

«El Señor es un capataz severo solo con el siervo holgazán, y eso es porque el siervo holgazán no tiene el negocio de su Señor en su corazón. Aquellos que convierten el interés de su Señor en el suyo propio descubren que su deber se convierte en un servicio que pueden realizar con gozo.[27]

Al tercer siervo no le fue bien. Al final no le fue mejor que a los ciudadanos.

---

27   Norval Geldenhuys, *Commentary on the Gospel of Luke* (Wm B. Eerdmans Publishing Company, Grand Rapids, MI, 1960).

Y también a aquellos mis enemigos que no querían que yo reinase sobre ellos, traedlos acá, y decapitadlos delante de mí.

(v.27)

CAPÍTULO 13

DECAPITADLOS DELANTE DE MÍ

Jesús siempre supo cómo terminaría la historia. Nosotros no. Por lo tanto, vio conveniente advertir a sus siervos mediante esta parábola sobre el trágico final de sus enemigos.

Quizá advirtió a sus oyentes para que sintieran en sus corazones la urgencia de ocuparse de los asuntos de su Padre. Cuando estaban siendo perseguidos, rechazados y la gente les gritaba, podían mirar a sus enemigos a los ojos sabiendo con total seguridad cuál sería su final. Y entonces, con la compasión de Dios fluyendo a través de sus siervos, podían instar a esos enemigos a reconciliarse con Dios.

> Recuerda, Dios no quiere que nadie sea aniquilado.
>
> Dios amó al mundo de tal manera, que cualquiera que crea, no será aniquilado.
>
> Desde el principio de los tiempos, Dios ha deseado ser nuestro Dios y que nosotros seamos su pueblo.
>
> Él quiere una relación, no un matadero.

La misión de la Parábola de las Diez Minas es que sus siervos compartan el Mensaje del Evangelio y se infiltren en territorio enemigo.

Me gusta casi todo de la Parábola de la Mina. Me desafía, me da un propósito, aclara mi misión, me inspira a ser un siervo fiel y me da la esperanza de escuchar: «¡Bien hecho!». Sin embargo, el versículo 27 no es que sea mi favorito. Y estoy seguro de que a Jesús tampoco le entusiasmara revelarlo.

Estoy convencido.

Estoy convencido porque la verdad del versículo 27 hizo que Jesús afirmara su rostro para ir a Jerusalén y finalmente a la cruz. «Di mi cuerpo a los heridores, y mis mejillas a los que me mesaban la barba; no escondí mi rostro de injurias y de esputos. Porque Jehová el Señor me ayudará, por tanto, no me avergoncé; por eso puse mi rostro como un pedernal, y sé que no seré avergonzado».[28]

---

28   Isaías 50:6-7.

Por la verdad del versículo 27, Jesús se postró sobre su rostro entre los olivos y le pidió al Padre que alejara de Él la copa de la ira.

Estoy seguro de esto porque todo el plan de salvación se basa en que Jesús llegue a esa cruz y sea ejecutado, por sus enemigos y por aquellos que no querían que gobernase sobre ellos. Fue ejecutado para que sus enemigos pudieran ser siervos y no tuvieran que ser aniquilados.

«Traedlos acá, y decapitadlos delante de mí».

¡Qué final tan trágico para los ciudadanos del mundo! Ser echados a las tinieblas de afuera, donde hay lloro y crujir de dientes. Ser atados de pies y manos y echados en un horno de fuego ardiendo sin ningún Salvador que te rescate. Descender a ese lugar con el diablo y sus ángeles por siempre jamás. ¡Qué lugar tan terrible en el que el gusano nunca muere y el fuego nunca se extingue!

No pretendo entender ni la justicia ni la ira de Dios sobre el pecado. Pero una simple mirada a la cruz me dice que esto es real y muy serio. Si Jesús pudo decir: «No se haga mi voluntad, sino la tuya» entre los olivos cuando el Padre rehusó que pasara de Él la copa... ¿no puedes decir tú lo mismo y coger la Mina, sacarla del pañuelo, comenzar a «negociar», generar beneficio y proclamar el Mensaje como Él te dijo?

CAPÍTULO 14

¿CUÁL DE ELLOS ERES TÚ?

En esta Parábola de las Diez Minas, vemos tres grupos de personas.

1.   Ciudadanos.
2.   Siervos desleales.
3.   Siervos fieles.

No hay gente «neutral» en esta historia. Tú estás en una de las tres categorías. Puedes decir que no es tu ministerio o que no quieres participar, pero ya estás involucrado. ¿Con qué grupo te identificas más? Esta pregunta se merece una reflexión y honestidad profundas.

¿Eres un Ciudadano?

Podrías creer en Dios, pero has elegido practicar el pecado, demostrando tu enemistad con Él. Para que un ciudadano se convierta en un siervo fiel, debes pasar por la puerta del arrepentimiento, confesar y dejar atrás todo el pecado conocido, y someterte al gobierno de Cristo en tu vida. Tal vez hayas dicho en el pasado que no estabas interesado en dejar que Jesús te diga qué hacer, pero ahora, por fe, quieres cambiar de forma de pensar. Quieres decir: «Dios, que no se haga mi voluntad en mi vida, sino la Tuya». Puedes comenzar tu vida como siervo con ese corazón y esa actitud.

¿Eres un Siervo Desleal?

Profesas con tu boca que eres cristiano. Sin embargo, solo con echarle un vistazo a tu vida, se ve rápidamente que no hay ningún negocio con la Mina, ni santidad en tu corazón o en tu vida, mucho de boquilla, pero no hay frutos del Espíritu. Tú, amigo, también puedes dar un cambio radical y convertirte en un siervo fiel arrepintiéndote y sometiendo tu vida y tu voluntad a Cristo. Puedes comenzar ahora mismo y hacerte obediente a tu misión en la vida: hacer negocio y generar beneficio con la Mina.

¿Eres un Siervo Fiel?

Has puesto su negocio en marcha. Sin embargo, la mayoría de los siervos quieren crecer, hacer más, ser mejores, más intencionales y esforzarse por exponer el Evangelio de todas las maneras posibles. Deseas con todo tu corazón oír las palabras: «¡Bien hecho!». Sería perfecto hacer una oración comprometiéndote a hacer crecer tu negocio.

Si este es tu caso y deseas profundamente ser un siervo fiel, quiero compartir contigo cuatro cosas que he aprendido en el ministerio que servirán de fundamento cuando trabajes para el Señor. Estas cuatro cosas puestas en práctica garantizarán que el poder de Dios obre a través de ti.

CAPÍTULO 15

HERRAMIENTAS ESENCIALES

A nadie le gusta sentirse ineficiente. Si somos verdaderos siervos, querremos ser fieles, agradar a Dios, ver resultados y no solamente meter el turbo.

Después de muchos años de ministerio, he aprendido cuatro elementos esenciales para el éxito en el negocio de la Mina.

1. Entender el Mensaje del Evangelio.

Ha ocurrido algo terrible. Cuando leo libros de los siglos XVIII y XIX, veo un patrón en cada generación: Satanás se infiltra en la Iglesia y diluye el mensaje del Evangelio, despojándolo de su poder. Reducir, modificar o cambiar el mensaje que se nos ha transmitido desde Jesús y los apóstoles es escupir directamente a la cara del Padre, el Autor de la Salvación.

Yo sé que compareceré delante de Dios para rendir cuentas de mi mensaje. Y tú también. ¡Pobre de cualquiera que lo modifique! Espero que temas y tiembles si lo cambias para hacerlo más agradable para los pecadores.

El Mensaje del Evangelio tiene mucho poder, y aprender a compartirlo es esencial si quieres ver el poder de Dios moverse a través de ti.

El Evangelio es poder de Dios para salvación.[29] Entiende lo que contiene el mensaje. Aplícalo a tu vida. Estúdialo. Vívelo. Profundiza en él. El Evangelio es infinito. No eres capaz de alcanzar los límites de su altura, anchura o profundidad.[30]

El Mensaje del Evangelio está dividido en cuatro pilares:

1. Nuestro problema. Todos hemos pecado al romper los mandamientos de Dios.

2. Las consecuencias. Todos moriremos, seremos juzgados por Dios y nuestro destino eterno está determinado: o bien el Cielo o el Infierno.

3. La solución. Jesucristo pagó por nuestros pecados y nos ofreció un indulto, el perdón y una relación con Él.

4. Nuestra respuesta. Cuando nos arrepentimos y

---

29   Romanos 1:16.

30   Lee la Biblia para entender el Evangelio. Lee mi libro, *El Poder del Evangelio*, para estudiar en profundidad el mensaje de la Mina.

depositamos nuestra fe en Cristo, que pagó todo el precio, Él hace la obra de salvación en nuestras vidas.

Nuestro Problema

Cuando el joven gobernante rico le preguntó a Jesús qué debía hacer para heredar la vida eterna, Jesús no le pidió que dijera «la Oración del Pecador» o que lo aceptase como su Señor y Salvador personal. En vez de eso, le preguntó que si había guardado los Diez Mandamientos.

Las reglas no han cambiado desde el Jardín del Edén: obedece a Dios y vive. Desobedece a Dios y muere. Dios tiene reglas para que puedas tener una relación con Él y para que puedas tener la esperanza de vivir en la casa de Dios en el futuro. Tú no pones las reglas. Las pone Dios.

El joven gobernante pensó que había cumplido las reglas de Dios. Sin embargo, se fue triste cuando se dio cuenta de que no estaba a la altura. Se le ofreció un tesoro en el Cielo si era capaz de venderlo todo y seguir a Jesús. Pero no fue capaz, y eso reveló lo que realmente valoraba.

La Ley, incluyendo los Diez Mandamientos, es como un espejo que nos muestra el estado de nuestros corazones ante un Dios perfecto. Al mirarte en ese espejo, te das cuenta de que no eres tan buena persona como pensabas. Entonces la Ley te declara culpable delante de Dios, dejándote sin excusa. Eso debería ponerte nervioso.

Por ejemplo, cuando vas conduciendo por la autopista y adelantas a un coche de policía parado en el arcén con un radar, ¿cuál es tu reacción? Miras la velocidad. Pisas el freno. Miras el retrovisor varias veces para ver si el oficial se ha puesto a seguirte y ha dado las luces. Tu corazón se acelera y te pones nervioso. Sabes lo que va a pasar, especialmente si sabes que has quebrantado la ley.

Del mismo modo, los pecadores deben reconocer su dilema antes de buscar una solución. Jesús vino por los enfermos, no por los sanos. Cuando compartas la Mina, usa la ley para ayudar a otros a ver el desesperado aprieto en el que se encuentran. Eso abre la puerta al poder del Espíritu Santo, que es un experto en convencer a la gente de sus pecados.[31] Se sentirán trastornados y preocupados al ver su problema; lo cual nos lleva al segundo pilar.

Las Consecuencias

La policía te hace parar, te enseña la lectura del radar y te pone una multa.

Del mismo modo, la Ley te hace parar, te enseña en qué te has equivocado y te informa sobre la multa. El alma

---

31   Juan 16:8.

que pecare, esa morirá.[32] La paga del pecado es muerte.[33] Está establecido que los hombres mueran una sola vez, y después el juicio.[34]

Sabes que, si eres hallado culpable el Día del Juicio, las puertas del Cielo se cerrarán para ti. No te gusta pensar en el Infierno, pero ahora te preocupa porque no ves ninguna esperanza. Sabes que Dios perdona y que está lleno de amor, pero también sabes que es justo y que castiga al transgresor. Aunque la ley te muestra tu culpa y te hace ser consciente de la multa, no la paga por ti.

Discutir las consecuencias de romper la Ley de Dios –la muerte, el juicio, el Cielo y el Infierno–, abre la puerta a que se mueva el poder del Espíritu Santo. Como es un experto en convencer a los pecadores del juicio venidero,[35] el Espíritu mostrará a los pecadores que la muerte es inminente y que serán declarados culpables. No solamente se perderán el tener una relación y una amistad con Dios ahora, sino que serán cortados para siempre y echados al infierno.

Estas son verdades duras, pero *son* verdad. Entiende

---

32   Ezequiel 18:20.

33   Romanos 6:23.

34   Hebreos 9:27.

35   Juan 16:8.

el corazón del Padre. Él quiere ser tu Dios, y quiere que tú seas su hijo. No quiere que nadie sea echado fuera. Cuando ofreces la Mina, si compartes el problema y las consecuencias con el corazón adecuado, la gente debería responder como lo hicieron en Hechos: «Señores, ¿qué debo hacer para ser salvo?».[36]

Sé fiel a la hora de compartir el Problema y sus Consecuencias, ¡y Dios preparará el terreno para que tus oyentes reciban la solución!

La Solución

El Evangelio significa Buenas Noticias. El Problema y las Consecuencias nos muestran nuestra enfermedad, las malas noticias. Los dos últimos pilares nos muestran unas poderosas e increíbles Buenas Noticias.

Malas Noticias: Tú no puedes borrar tu pecado. No puedes limpiar tu propio corazón. No puedes hacerte recto delante de un Dios santo para ser aceptado por Él. ¡Ni tú ni yo tenemos poder! ¡Estamos indefensos!

«Mas Dios muestra su amor para con nosotros en que, siendo aún pecadores, Cristo murió por nosotros».[37]

---

36 Hechos 16:30.

37 Romanos 5:8.

Buenas Noticias: Jesús vino a llevarse los pecados del mundo. Vino a sustituirte, a hacer lo que tú no podías hacer por ti mismo. Jesús se llevó tu culpa a la cruz para que tú pudieras presentarte delante del Padre como no culpable. Asumió el castigo para que tú recibieses misericordia. Jesús bebió de la copa de la ira de Dios contra el pecado para que tú no tuvieses que beberla. Él pagó la multa que tú no pudiste pagar.

Hizo eso porque te ama. Quiere ser tu Padre y tener una relación contigo. No quiere que perezcas en tus pecados. En la cruz, Él pagó por tu perdón, purificación, liberación y adopción. Con la resurrección, demostró que es Dios, que tiene poder sobre la muerte y que es el único en el mundo que puede rescatarte de tu triste situación.

Sin embargo, solo unos cuantos en el mundo reciben este maravilloso regalo de salvación, solo aquellos que responden a él.

Nuestra respuesta

Para recibir todas estas Buenas Noticias, debes arrepentirte y creer en el Evangelio.[38] Pedro le dijo a la multitud: «Arrepentíos, y bautícese cada uno de vosotros en el

---

38   Marcos 1:15.

nombre de Jesucristo para perdón de los pecados; y recibiréis el don del Espíritu Santo».[39]

Tu respuesta a los tres primeros pilares del Mensaje del Evangelio es abandonar tu pecado y volverte a Dios. Es declarar: «No se haga mi voluntad en mi vida, sino la tuya». Es decir que ya no quieres ser un ciudadano rebelde; has cambiado de forma de pensar. Quieres que Jesús reine sobre tu vida.

Jesús es serio en cuanto a que confieses tus pecados para recibir el perdón. Esfuérzate por sacar el pecado de tu vida. Él dice que, si tu ojo derecho te hace pecar, te lo saques. Ya captas la idea. Él fue serio a la hora de pagar el precio por tu pecado; tú tienes que ser serio en cuanto a tu arrepentimiento.

Gran parte de la Iglesia ha dejado de predicar sobre el arrepentimiento, y el resultado es una Iglesia llena de gente que vive en pecado con la falsa esperanza de salvarse. A la mayoría se les dice: «Es fácil. Lo único que tienes que hacer es pedir perdón».

No hay nada fácil en cuanto a la salvación. Para Jesús no fue fácil ir a la cruz, y no tiene nada de fácil sacarte un ojo para eliminar el pecado de tu vida. No es fácil que tu familia te rechace, o que pierdas tu trabajo, y que parezca

---

39 Hechos 2:38.

que te has convertido en un fanático religioso. La salvación sale cara.

La buena noticia sobre el mensaje del Evangelio es que Jesús pagó el precio y nos ofrece la salvación como un regalo, por gracia. Nuestra parte es alejarnos de nuestro pecado y volvernos a Él.

Lo anterior es una breve sinopsis del Mensaje del Evangelio lleno de poder que puedes compartir con otros.

Sin embargo, para ser verdaderamente efectivo a la hora de compartir esta Mina, necesitarás un socio.

2. Sé lleno del Espíritu.

Si quieres tener éxito a la hora de negociar con la Mina, ¡necesitas un socio! Lucas nos cuenta las últimas palabras que Jesús les dijo a sus discípulos antes de ascender al Cielo:

«Y estando juntos, les mandó que no se fueran de Jerusalén, sino que esperasen la promesa del Padre, la cual, les dijo, oísteis de mí. Porque Juan ciertamente bautizó con agua, mas vosotros seréis bautizados con el Espíritu Santo dentro de no muchos días».[40]

Entonces dijo:

---

40   Hechos 1:4, 5.

«Pero recibiréis poder, cuando haya venido sobre vosotros el Espíritu Santo, y me seréis testigos...».[41]

Así que Jesús les manda que hagan negocio con la Mina, pero después dice: «NI SE OS OCURRA EMPEZAR A HACER NEGOCIO HASTA QUE HAYÁIS RECIBIDO EL PODER NECESARIO MEDIANTE EL BAUTISMO DEL ESPÍRITU SANTO».

Parece muy directo. Me parece triste que aceptemos la promesa de Salvación del Señor sin demasiadas preguntas y que, cuando nos ofrece otra Promesa –el don del Espíritu Santo para tener poder para testificar y para hacer señales y prodigios–, levantemos los brazos todos a la vez y digamos: «¡No, gracias!».

Hay denominaciones, ministerios, libros y canales de YouTube que defenderán incesantemente que hablar en lenguas es del diablo y que las señales y los prodigios son innecesarios. Desacreditan cada versículo que tiene que ver con cualquier ministerio sobrenatural del Espíritu.

¿Con qué consecuencias? Los siervos del Señor luchan para vivir en santidad, son avergonzados en cuanto a la cruz y les asusta hablar de Jesús por miedo al rechazo y a la opinión del hombre. Un pequeño porcentaje de la autodenominada Iglesia dice que ha compartido el Evangelio.

---

41   Hechos 1:8.

¡Ya es hora de entusiasmarnos con la promesa de Jesús! Se nos ha concedido que el Espíritu Santo inunde nuestras vidas para que podamos tener el poder de ser sus testigos.

Entonces Jesús promete algo más. Cuando prediques el Evangelio con el poder de su Espíritu, Él estará junto a ti para hacer lo que le encanta hacer:

«Y estas señales seguirán a los que creen: En mi nombre echarán fuera demonios; hablarán nuevas lenguas; tomarán en las manos serpientes, y si bebieren cosa mortífera, no les hará daño; sobre los enfermos pondrán sus manos, y sanarán».[42]

Señales y prodigios acompañarán al Evangelio y ayudarán a impulsar las Nuevas Noticias hasta los lejanos confines de la tierra. Recuerda, no es tu trabajo ni salvar a nadie ni hacer milagros. De eso se encarga el Espíritu Santo. Simplemente ábrele la puerta para que Él obre.

Soy plenamente consciente de que este tema ha sido llevado al extremo y de que ha habido manifestaciones de la carne en vez de del Espíritu. Sin embargo, el testimonio pobre de algunos no invalida la preciosa promesa de Jesús. Mi desafío para ti es que seas un siervo del Señor que dé ejemplo con un buen testimonio.

Nunca llevarás a cabo todo lo que Dios tiene para ti sin ayuda. Debes ser lleno del Espíritu.

---

42   Marcos 16:17-18.

3. ¡Ora!

> El Mensaje del Evangelio está cargado de poder.
> El Espíritu santo está cargado de poder.
> La oración está cargada de poder

«Pedid, y se os dará».[43] «Y todo lo que pidiereis al Padre en mi nombre, lo haré».[44]

La oración es poderosa porque, cuando pasas tiempo con el Dios todopoderoso, Él comparte estrategias para tu negocio y te permite acceder a sus ideas y creatividad.

Cuando oras para que el reino de Dios venga y se haga su voluntad en la tierra como en el cielo, ¡es precisamente lo que Él quiere que hagas! ¿Cómo no va a contestar esa oración? Tú oras, Dios escucha y contesta. Eso es poderoso.

Sin embargo, todo ese poder estará dormido si te quedas en el sofá.

4. ¡Levántate del sofá!

Tienes que ponerte en marcha: obedecer, moverte, hablar. La obediencia es lo que te distingue como siervo fiel del siervo desleal. Dios te ha dado un mensaje poderoso que

---

43 Mateo 7:7.

44 Juan 14:13.

puede cambiar los corazones de la gente y los destinos eternos. También te ha dado muchas habilidades para hacer negocio con la Mina. Te ha llenado del Espíritu Santo y ha puesto el arma de la oración a tu disposición. Ahora lo único que tienes que hacer es poner la Mina a trabajar y usar el pañuelo para secarte el sudor de la frente por el trabajo.[45]

La Gran Comisión a menudo se traduce así: «Id por todo el mundo y predicad el evangelio».[46] Sin embargo, en el original griego, la traducción más precisa es: «Según vais por el mundo, *predicad* el Evangelio». «Predicad» es un verbo imperativo (una orden), pero el verbo «ir» no lo es. Como puedes ver, ¡tú ya estás yendo! **Según vas** al supermercado, **según vas** a trabajar, **según vas** a clase, **según vas** a la gasolinera, comparte el Evangelio. Invierte la Mina.

Para multiplicar la Mina con éxito, necesitarás estas cuatro áreas de poder: **el Mensaje del Evangelio, el Espíritu Santo, la Oración** y **la Obediencia.**

Antes de concluir este libro, tengo una pregunta más.

---

45   C. H. Spurgeon, *Our Lord's Parables*, p. 246.

46   Marcos 16:15.

CAPÍTULO 16

¿DÓNDE ESTÁN LOS OTROS SIETE SIERVOS?

El hombre noble llamó a diez siervos y les dio una Mina a cada uno. Sin embargo, solo hemos oído cómo les fue a tres de ellos.

¿Dónde están los otros siete siervos?

¿Puede ser que uno de ellos esté sujetando este libro ahora mismo?

Esta historia todavía tiene que completarse. Jesús todavía tiene que recibir la totalidad de su reino y todavía hay que advertir a algunos enemigos y hay que contarles las Buenas Noticias.

Los resultados de **la negociación con tu Mina** y el beneficio que puedes asegurar para tu Señor todavía están por determinar. Pero no es demasiado tarde. ¿Y el límite son Diez Minas? No veo por qué habrían de serlo. ¿No podrías vivir tu vida de manera intencional, hacer crecer el negocio con tu Mina y ser ese siervo que produce treinta, sesenta o ciento por uno?[47]

Dios nos ha confiado lo mejor que tiene: ¡el Mensaje del Evangelio y la presencia del Espíritu Santo! Ese tesoro está en nuestras manos y nuestros corazones. Aunque Él sabe que no somos infalibles, somos administradores de algo que le pertenece a Él, así que, ¿qué vamos a hacer con ello? Cuando mueras y seas llamado delante de Dios para rendir cuentas de lo que has hecho con la Mina, ¿qué presentarás ante el Hombre Noble?

---

47   Mateo 13:23.

PREGUNTAS PARA PENSAR

- ¿Qué representa la Mina?

- ¿Qué espera Jesús de ti como siervo?

- ¿Cómo puedes negociar con la Mina?

- ¿Qué les pasa a aquellos que no permiten que Jesús gobierne su vida?

- ¿Eres ciudadano o siervo?

■ ¿Eres un siervo fiel o uno desleal?

■ ¿Qué clase de siervo quieres ser?

■ ¿Qué talentos y dones estás usando en este negocio?

■ ¿Cómo puedes aumentar y hacer que crezca tu negocio?

■ ¿Tienes más claras la voluntad y la misión de Dios para tu vida? Apúntalas. La misión de Dios para mi vida es...

CONCLUSIÓN

Al descodificar el misterio de esta parábola, confío en que te hayas dado cuenta de que tu misión en la vida y el llamado de cada siervo de Cristo es hacer negocio con la Mina. No necesitas un «llamado especial» para hablar a la gente sobre Jesús. Él nos llama a todos a compartir el Evangelio, a exponerle su mensaje a todo el mundo.

Ahora tienes conocimiento sobre la Mina y entiendes que Dios te ha dado talentos para compartir el mensaje del Evangelio. Hay demasiada gente que todavía necesita aprender sobre Jesús y lo que Él hizo en la cruz por ellos. Cuéntaselo.

La Mina necesita un medio por el que trabajar, así que usa las manos, los pies y la boca para darles las mejores noticias jamás contadas. No tienen por qué morir en sus pecados. Pueden ser perdonados. Ofréceles la Mina y observa al Señor obrar en sus vidas.

Gracias por leer este libro.

¿Cuál es el siguiente paso?

1. Nos encantaría que contactaras con **Minasbusiness.org** y te unieses al movimiento de siervos fieles. Puedes compartir historias, ideas y testimonios.

2. También he escrito otro libro, *El Poder del Evangelio,* que explica con más detalle el mensaje de la cruz.

3. Si quieres aprender a compartir el Evangelio de forma fácil y creativa, tenemos un curso fantástico que te enseñará cómo ser más eficiente en el negocio de la Mina. Únete a nosotros en **ontheredbox.com.** Puedes hacer el curso de nuestra Escuela de Evangelismo. ¡Queremos equiparte para que seas más efectivo negociando con la Mina!

Printed in the USA
CPSIA information can be obtained
at www.ICGtesting.com
LVHW012004111024
793580LV00003B/500